AF257522

LE BON CURÉ

OU

LA VIE, LES ŒUVRES ET LA MORT

DU PIEUX CURÉ DE BARBY (ARDENNES)

Monsieur l'Abbé Charles-Joseph GODART

Décédé le 28 Février 1875

SUIVIES D'UNE

NOTICE HISTORIQUE SUR BARBY, PRÈS RETHEL

In memoriâ æternâ erit justus :
Ab auditione malâ non timebit.
La mémoire du juste vivra toujours ;
Le discours pernicieux ne l'atteindra jamais.

Psaume CXI, vers 7.

PRIX : **1 FR.**

EN FAVEUR D'UN MONUMENT A ÉRIGER SUR SON TOMBEAU.

SE VEND :

Au Presbytère de Nanteuil-sur-Aisne (Ardennes),
ou chez RAIVE-PIGNOLET, Libraire, à Reims.

—

1875.

LE BON CURÉ

OU

LA VIE, LES ŒUVRES ET LA MORT

DU PIEUX CURÉ DE BARBY (ARDENNES)

Monsieur l'Abbé Charles-Joseph GODART

Décédé le 28 Février 1875

SUIVIES D'UNE

NOTICE HISTORIQUE SUR BARBY, PRÈS RETHEL

In memoriâ æternâ erit justus :
Ab auditione malâ non timebit.
La mémoire du juste vivra toujours ;
Le discours pernicieux ne l'atteindra jamais.

Psaume CXI, vers 7.

PRIX : **1 FR.**

EN FAVEUR D'UN MONUMENT A ÉRIGER SUR SON TOMBEAU.

SE VEND :

Au Presbytère de Nanteuil-sur-Aisne (Ardennes),
ou chez RAIVE-PIGNOLET, Libraire, à Reims.

—

1875.

Imp. coop. de Reims, rue Pluche, 24 (E. Gény, Directeur).

LE BON CURÉ

ou

LA VIE, LES ŒUVRES ET LA MORT

DU PIEUX CURÉ DE BARBY (ARDENNES)

Monsieur l'Abbé Charles-Joseph GODART

HOMMAGE RESPECTUEUX

Chéri de Dieu et des hommes, votre mémoire, ô bon père, est en bénédiction. Pour en perpétuer le bienfait, selon la promesse de la Sainte Ecriture « : Le juste vivra par un éternel souvenir », peut-être serait-il opportun de résumer une vie toute de vertus, de mérite et d'honneur. — Sans doute, il est *défendu de louer quelqu'un pendant sa vie*; mais, après la mort, la *reconnaissance*, l'*édification*, la *religion*, n'obligent-elles pas en quelque sorte ? D'ailleurs, l'intégrité, la pureté de *votre vie*, la beauté, la multiplicité de *vos œuvres*, la suavité, la sainteté de *votre mort*; en un mot, le triomphe de votre existence *si pleine de jours*, et partant si récompensée déjà ; tout, jusqu'à la douleur des confrères

attristés de votre prompt départ, et néanmoins
confiants dans votre intercession certaine pour
eux, oui, *tout* peut permettre de hasarder quelques essais téméraires, trop rapides, mais ex-
cusables par la gratitude et l'affection qui les
présentent avec bonheur.

Ad majorem Dei gloriam !... c'était, ô père,
hier votre devise, qu'elle soit aujourd'hui mon
encouragement.....

On a dit une grande parole : *Seigneur, en-
voyez-nous des saints, et la terre sera renouvelée.*
— N'est-ce pas ce que la Providence, *qui fait
tout pour ses élus,* a pratiqué visiblement à l'é-
gard d'une paroisse, dont la foi, digne des
premiers âges, lui fait porter haut l'étendard
de Jésus-Christ ? Elle l'avait, par une faveur
spéciale, gratifiée du vrai *juste à la conscience
exacte jusqu'à la crainte* pour l'accomplisse-
ment de ses devoirs, *qui espérait la consolation de Dieu* dans le salut de son peuple. *L'Esprit saint habitait en lui !*

Ainsi tout-à-l'heure se prenait à réfléchir la
multitude qui, religieusement, assistait aux
obsèques du *pieux Monsieur l'abbé Godart,*
curé dans l'archiprêtré de Rethel, à Barby,
depuis de nombreuses années. C'est qu'en effet
la personne du bon prêtre que nous venons
de déposer au tombeau, n'offre rien qui ne rap-

pelle la *justice exceptionnelle* brillant en lui. Allons donc à ce juste pour le méditer avec fruit : *Ite ad servum meum*.... *Ite ad Joseph,* et dans sa vie, ses œuvres et jusque dans sa mort, il sera facile de se convaincre que tout a été marqué au coin de cette *rare justice,* dont le souverain Prêtre a été le modèle le plus accompli parmi nous.

I. JUSTICE DE LA VIE DE MONSIEUR GODART.

Né à Brieulles-sur-Bar, canton du Chesne, au diocèse de Reims, dans les Ardennes, Monsieur Charles-Joseph Godart, à peine entré dans la vie, le 22 juillet 1800, reçut deux jours après le saint baptême. Ses parents, chrétiens honnêtes, irréprochables, le portèrent naturellement à la piété qu'eux-mêmes professaient. Les principes religieux de sa famille composée de cinq enfants, deux filles et trois fils, dont il fut l'aîné, le dirigèrent jeune encore vers des tantes respectables, dont la foi avait recueilli des oncles repoussés par les rigueurs de 93. Elles le préparèrent à sa première communion, qu'il fit le 12 avril 1812.

Monsieur l'abbé Minon, curé de la Berlière, au savoir comme au maintien distingué, recevait l'hospitalité de ces pieuses dames. Près de cet honorable ecclésiastique, le jeune Godart commença des études sérieuses. A Charleville, il les continuera plus tard en qualité d'externe, demeurant chez un particulier choisi, qui jamais n'oublia ses habitudes d'ordre et de régularité ; à Reims, elles seront terminées au Grand-Séminaire ouvert depuis peu seulement.

Malgré sa constitution débile et les symptômes d'une phtiysie qui semblait imminente, en un mot, l'affaissement d'une nature dont on avait à redouter la ruine très-prochaine, Monsieur de Gournay, le vénérable supérieur du Grand-Séminaire de Reims, et l'éminent Cardinal de Latil, Archevêque du diocèse, ayant avantageusement remarqué le séminariste, grave, droit, pieux, se rencontrèrent dans la même pensée pour l'admission aux ordres, comme pour la consécration au sacerdoce. Mgr Jauffret avait admis l'abbé Godart à la première tonsure, le 30 Novembre 1819 ; Mgr de Coucy, aux ordres mineurs, le 1er Juin 1822, le même jour au sous-diaconat, au diaconat le 21 Septembre de la même année. Le 18 Décembre 1824, il fut ordonné prêtre des mains de l'illustre cardinal de Latil.

Mûr dès sa jeunesse, à l'air sérieux, sévère, le nouveau prêtre est de préférence désigné pour résider à Reims. Le voilà donc placé près des confesseurs de la foi : les Macquart, les Dombry, les Rouville, les Sommé, etc., etc. Il ne fut pas leur inférieur par la régularité de sa vie, la sagesse de sa doctrine et l'éclat de sa vertu.

En 1825, Monsieur l'abbé Mailfait, curé de la paroisse Saint-Maurice, le possède à titre de vicaire. Son zèle, son activité, sa foi surtout, le feront bientôt apprécier. C'était le prêtre respectueux, obéissant, exact, s'occupant du salut des âmes dans tous les ministères. Rendre à tous et partout service, était le besoin de chacun de ses instants. On l'appelle de toutes parts, à l'Hôtel-Dieu pour porter des secours aux malades, au Petit-Séminaire pour entendre les confessions des élèves, dans les autres paroisses pour venir en aide toujours avec le plus grand cœur. Autrefois comme naguère, il personnifiait la complaisance, puisant sa vigueur dans la charité du prochain, qu'il aimait plus que lui-même, à cause de Dieu.

Depuis quelques années, Monsieur l'abbé Godart opérait et assurait le bien dans une paroisse modèle, aux habitudes pieuses, aux mœurs pures, aux vocations d'élite, qui généreusement le payait de retour par la reconnaissance des cœurs, quand le choix du ciel le discerna pour celle de Barby, près Rethel. Le décès de l'excellent Monsieur Brion l'avait laissée vacante après un ministère de 21 années, de 1810 à 1831. Monsieur Godart reçut en effet sa commission pour Barby, le 1er Juillet 1831.

Introduit dans son nouveau poste par les nobles et durables amis qu'il avait quittés par l'ordre d'en haut et seulement de corps, il fut nécessairement accueilli de tous côtés à bras ouverts. Il se mit incontinent à l'œuvre. Sa vie réglée, sa tenue austère, son enseignement nourri, sa fermeté inébranlable, son imperturbable constance, qui le rendaient recommandable de plus en plus, le mirent à même de conserver le bien établi par ses vénérés prédécesseurs, de l'augmenter plus encore, et de le faire persévérant, malgré les obstacles inévitables.

C'est qu'il possédait l'art des saints pour le développement rapide du règne de Dieu. Bientôt nous exposerons les moyens infaillibles qu'il sut ménager pour parvenir à cette fin sublime, le but de ses infatigables efforts. Qu'il suffise de dire ici que Monsieur l'abbé Godart, pendant toute son existence de curé, ne négligea rien de ce qui peut être ou imposé, ou conseillé, ou désiré pour la sanctification d'autrui. C'est-à-dire que pendant *quarante-quatre ans* que dura son long et trop court apostolat à Barby, il obtint le titre glorieux pour lui, honorable pour sa famille, encourageant pour ses confrères, le titre mérité et méritoire de bon curé. En effet ses œuvres pour lui témoignent hautement et confirment facilement mon impuissante parole.

II. — JUSTICE DES ŒUVRES DE MONSIEUR GODART.

Les vertus nombreuses qui parurent dans Monsieur le curé de Barby, donnaient tout naturellement naissance à des œuvres multiples, variées, et pour les établir, les affermir, les perpétuer, il possédait un caractère propre à cette fin. Témoin l'expérience de la persévérance dans cette paroisse.

Sa foi. — *Le juste vit de la foi,* a proclamé l'Esprit de Dieu dans l'Ecriture. S'il l'a possédée, pour l'augmenter le plus possible, j'en trouve la preuve indiscutable dans le résumé de ses réflexions, à l'époque des retraites pastorales, où se lisent consignés les sentiments et les résolutions de la foi la plus vraie, la plus vive, la plus agissante. Qui ne se rappelle l'avoir contemplé prosterné au pied des autels à ces jours mémorables ? Quel calme, quelle dignité, quel anéantissement ! — Dans la paroisse, sa préparation à la messe, son offrande du saint sacrifice, son action de grâces, révélaient son esprit de foi, comme à l'envi.

Sa foi se traduisait par la propreté de son église, l'ornementation de ce qui touchait à l'autel, l'embellissement de la maison de Dieu. *L'œuvre du Très-Saint Sacrement* réunissait des adorateurs pendant toute la journée des grandes fêtes ; la *dévotion au Sacré-Cœur* existe avec solennité ; Monsieur le curé travaillait à la rendre plus étendue.

Son oraison. Il priait de tout son cœur ; il aimait à faire prier. N'avait-il pas, à la suite d'une mission très-suivie donnée *par le R. P. Merlian, institué l'Apostolat de la Prière?* On suppliait avec lui *pour les calamités de l'Eglise, en union avec N. S. P. le Pape, pour les âmes du Purgatoire.* La *Confrérie de Notre-Dame Auxiliatrice* compte de nombreux associés. *Les Prières pour les Morts à la Toussaint* sont accompagnées d'une octave. Il unissait chaque soir de dimanche ses prières à celles *de l'Archiconfrérie.* Comme il priait bien !... Passagers dans sa demeure si hospitalière, vous auriez pu, le soir, entendre la prière prolongée en famille, rappelant tous les besoins, en remerciant de toutes les grâces...

Son zèle. Ici, que le champ est vaste !... si l'on entreprend de raconter les effets de ce zèle, soit de la Maison de Dieu, soit du salut des âmes, soit de sa propre sanctification, qu'il ne sépara jamais des deux précédentes. Que de travaux pour remettre en un état décent une église défectueuse et irrégulière, pour l'orner dignement et abondamment la pourvoir Mais, pour les âmes, que n'a-t-il pas réuni : zèle pour l'établissement des Offices particuliers, des Saluts, des Neuvaines en l'honneur de St Joseph, de Ste Philomène, de l'Immaculée Conception ; zèle pour l'érection des Calvaires ; zèle pour l'offrande des Missions, Œuvre de la Propagation de la Foi, Œuvres du Séminaire, de St-Walfroi, Œuvre du Denier de Saint Pierre, Œuvres du Rosaire, du Scapulaire, vous subsisterez toujours comme des témoins admirables d'un zèle sans cesse croissant.

Sa charité ne s'affaiblit jamais. Jusqu'à son trépas, elle brilla fortement. Je ne parle point seulement de cette charité spirituelle qui s'applique à l'âme. Sous ce rapport, autre St Paul, *il se faisait tout à tous pour gagner tout son peuple à J.-C.* Il se dépensait et cherchait à se prodiguer *pour le salut de ses ouailles, objets,* disait-il, *de son unique mission dans la paroisse.* Pour ce qui est de cette charité qui s'occupe du corps en vue de l'âme, que de misères n'a-t-il pas soulagées, et à Barby, et à Nanteuil et ailleurs... Glisser adroitement son offrande, payer les remèdes, fournir les aliments, solder

les médecins, étaient la science du Samaritain gé-
néreux. Ce pauvre malade inconsolable de la
mort de son père bienfaisant, le révèle aujour-
d'hui par ses sanglots Certainement qu'une vie
prolongée eût facilement converti tout-à-fait
de modestes ressources en trésors centuplés
pour les cieux... Presque toujours la charita-
ble et désolée sœur ignorait les largesses de son
tendre frère. *La main gauche jamais ne sut
l'offrande de la droite. Dieu qui voit dans le se-
cret, le lui a surabondamment rendu.* C'est M.
le Préfet des Ardennes remerciant, à la date du
7 décembre 1835, Monsieur le curé de Barby,
pour sa charité pendant l'épidémie de la fièvre
thyphoïde qui désola, durant une année, sa paroisse. Barby est aussi doté de l'*Association de
Notre-Dame des Malades.*

Parlerai-je de cette humilité que tous con-
naissent ? Remarquait-on le moindre désir
pour les premières places, les honneurs, les
distinctions ? On sait qu'il a refusé des positions
plus considérables. Qui ne l'a entendu : *Ama
nesciri et pro nihilo reputari... Le dire* et *le
faire* étaient tout un chez l'humble M. Godart.
Il pouvait cependant s'honorer justement de
sa famille, de ses relations, de ses connaissances. N'en possédait-il pas dans les régions les
plus élevées. L'illustre Cardinal Gousset l'esti-

mait ; l'affectueux Mgr Landriot l'appréciait ; le
bien dévoué pour tous, Mgr Langénieux, archevêque de Reims, qui nous réjouira long-
temps, le regrette lui-même beaucoup ; le premier prêtre de l'arrondissement le vénérait,
l'accueillait et le consultait naguère encore.
M. Godart jouissait de la confiance de ses collè-
gues, au point d'être le père spirituel de beaucoup d'entre eux. Grand dans l'esprit de tous,
il se faisait de plus en plus petit dans le
sien !!!...

Et comme moyen de conserver certainement
toutes ces vertus précieuses, il pratiquait la mortification chrétienne, sacerdotale. Non point
qu'il affectât des austérités extraordinaires, mais,
malgré sa prédisposition habituelle et constante
à l'infirmité, il se montrait l'exactitude même,
ne ménageant jamais en aucune sorte sa personne, qu'il traitait d'une façon inflexible. —
Sa journée était celle d'un séminariste accompli.
— Jusqu'à ses dernières années, il faisait maigre
tout le Carême ; il a jeûné jusqu'à la fin, malgré son âge ; c'était l'homme dur pour lui-même
quand il pleurait si facilement sur autrui. Le
devoir l'appelait-il ? pas de retard, nul adou-
cissement, diminution aucune. Il lui devait être
pénible le service d'une seconde paroisse pendant quatre années, à son âge, et souffrant,

alors qu'il lui fallut parfois entreprendre, contournant Rethel, un détour de douze kilomètres... A-t-il réservé sa vie, les jours où, jusqu'à mi-corps il traversait l'Aisne pour voler plus rapidement au secours d'un malade en danger?... Sa vie, ne l'a-t-il pas sacrifiée quand, il y a quelques jours, à la voix de son fils spirituel, l'appelant de son lit de souffrances, malade, fiévreux, transi, il s'est précipité vers son trépas, afin de prodiguer la consolation qui sauvera peut-être !!! *Pro bono forsitan quis audeat mori?*

N'est-ce donc pas vraiment le bon pasteur, l'homme de foi, d'oraison, de zèle, de charité, d'humilité, de mortification? *O homo Dei !...* Autant de titres à la louange, qu'on pouvait lire sur les draperies funèbres remplis des larmes d'une paroisse attérée.

Ne nous étonnons donc pas non plus du grand bien enraciné dans le religieux Barby. Il a raison très-fort de s'honorer de la part glorieuse que lui a faite sa franche coopération aux œuvres d'un pasteur vénéré. Toutefois en ce point surtout : Noblesse oblige, c'est-à-dire que la foi augmentée, la piété développée, la pratique manifestée, vous commandent la persévérance ; selon les paroles bien senties d'un chrétien de cœur, d'un des anciens et des fervents amis de M. Godart, alors vicaire de Saint-Maurice.

Or, comment les semences de bien ne se seraient-elles pas développées et n'auraient-elles pas fructifié ? Monsieur Godart dans sa personne, réunissait, sous un air majestueux et ferme, un je ne sais quoi de ces vertus antiques, qui prévenait délicieusement en faveur du bon curé.

Son affabilité n'a jamais été un mystère pour qui que ce soit. Est-ce que le pauvre comme le riche ne l'expérimentaient pas très-vite ? c'est-à-dire tous. Comme il accueillait doucement, on était le bienvenu toujours ; il se réputait heureux de la visite d'un confrère. Combien il aimait les jeunes prêtres !... Il se rappelait sans doute que le ponctuel Monsieur Hennequin, doyen de Château, qui revivait pour lui dans son zélé successeur, l'avait assez affectionné jeune encore, pour l'honorer de toute sa confiance en ses vieux jours et faire de lui son confesseur.

Sa simplicité se remarquait facilement par la modestie de son vêtement, de sa maison, de sa vie. On était désireux des rapports de cette aimable vertu ; dans les environs, les personnages distingués se félicitaient de posséder trop rarement celui qui, par son extérieur ingénu, laissait facilement apercevoir la candeur de son caractère et la bonté de ses sentiments.

La prudence, la discrétion, le tact, étaient chez Monsieur l'abbé Godart comme inséparables. Aussi se plaisait-on à le consulter ; volontiers on lui confiait ses secrets ; il dirigeait sûrement les autres. Ces qualités n'ont-elles pas leur confirmation dans cette administration de *quarante-quatre années,* sans difficultés sérieuses, multipliant un bien incontestable dans toutes les classes, dans tous les âges, et dans tous les temps ?

De la réunion de toutes ces vertus, naquit cet ordre si parfait qui régnait dans toute sa personne, lequel apparaissait très-remarquable dans le soin de ses affaires particulières et administratives surtout.

La prudence, la discrétion, le tact du regretté pasteur pendant ces très-longues et trop courtes années, avaient spécialement paru dans l'éducation d'un neveu distingué , directeur actuel de l'important établissement Monge, à Paris.

Fortement instruit par les vertus de son oncle, le *jeune premier lauréat du grand concours,* M. Aimé Godart, n'avait-il pas révélé cet enseignement traditionnel, quand, pressé de solliciter pour lui quelque faveur, il crut ne pouvoir mieux répondre au désir d'un puissant ministre, qu'en demandant la croix (elle fut accordée) pour son professeur du collége Ste-Barbe, qui l'avait bien méritée par de nombreux et brillants services dans l'instruction ?

Or, comme le laboureur actif doit avant tout *goûter les fruits qu'il a fait produire à sa terre*, ainsi devait-il en être pour le bon curé, Monsieur Godart ; le juste Juge avait à cœur de le récompenser enfin.

III. — JUSTICE DE LA MORT DE MONSIEUR GODART.

Le pieux curé de Barby pressentait-il sa fin prochaine ? le Seigneur voulait-il qu'il eût le bonheur de faire aussi son Jubilé ? sa paroisse avait-elle encore besoin pour sa persévérance, de la mission qui actuellement se continue et dans laquelle le zélé père Berthet, des Lazaristes de Reims, travaille pour la gloire de Dieu et le salut des âmes avec l'ardeur d'un apôtre ? (il est vrai qu'il se sent fortement encouragé par l'empressement et la pratique des fidèles) ; toujours est-il que, le 4 novembre dernier, Monsieur l'abbé Godart demandait presque impatiemment au R. P. Castel, un missionnaire au plus tôt. Le jour même de son arrivée, le bon curé s'affaisse. Une fluxion de poitrine des plus aiguës ne tarde pas à l'étreindre. Se plaindra-t-il ? Jamais ! Priera-t-il ? Toujours !

— Mais le mal a fait des progrès effrayants ; la famille consternée est accourue ; la mort est

2

désormais imminente... Quand il avait parfaitement mérité le titre *de bon et de fidèle serviteur,*
dans ces derniers jours de sa carrière sacerdotale, à l'approche de son entrée dans l'immense
possession du ciel, comme les Hilarion, les
Jérôme, quel effroi !.... Qui pourrait oublier
ces mémorables paroles : « On s'occupe trop de
mon corps, il vaut mieux se préoccuper de mon
âme. Le prêtre doit surtout donner l'exemple
à ses paroissiens. Mon père, entendez de suite
ma confession, pour que de suite je reçoive
tous les sacrements. » Fortifié par les grâces
d'En Haut, comme intérieurement il prie ;
comme il s'identifie avec le modèle des prêtres,
Jésus-Christ ; comme il se recommande à Marie,
qu'il imitait tant, à saint Joseph, qu'il chérissait
si fort ! — Quel plus attendrissant spectacle,
que celui de sa demande du pardon, qui a pré-
cédé la bénédiction de ses enfants bien-aimés :
« Excusez-moi, s'est-il écrié, parce que j'ai été
quelquefois trop sévère vis-à-vis de vous ; c'était
à cause de votre Dieu, de votre salut, de vos
âmes, parce que je vous aimais beaucoup... »
Et les enfants inconsolables de rassurer leur
tendre père, et Monsieur l'Archiprêtre de Rethel, avec effusion de cœur et avec larmes, de
lui promettre la certitude de la paix au sein de
Dieu.

Avait-il besoin qu'on lui affirmât le pardon,
ce bon prêtre dont les volontés dernières sont
empreintes des sentiments les plus chrétiens,
les plus dévoués à Dieu et à l'Eglise? « Au nom
du Père, du Fils et du Saint-Esprit, a-t-il écrit
dans son testament : Je déclare que je veux
vivre et mourir dans la foi de l'Eglise catho-
lique, apostolique et romaine. Lorsqu'il plaira
à Dieu de m'appeler à lui, je le prie, par les
mérites de son divin Fils, par l'intercession de
la Très-Sainte Vierge, en qui j'ai toujours eu
une très-grande confiance, et à qui je me recommande spécialement, de mon ange gardien,
de mes saints patrons, de saint Jean-Baptiste et
de tous les saints, de me pardonner mes péchés
et de secourir mon âme dans sa miséricorde. »
Son testament administratif renfermait aussi
cette clause paternelle : « Je désire qu'une
école dirigée par des sœurs vienne en aide à
mon instituteur zélé, favorise de plus en plus
l'esprit de foi, de piété, si utile à tous et à tout
dans une paroisse chrétienne. »

Le neuvième jour de la maladie, après une
nuit mauvaise, le matin du dimanche, tout pré-
occupé de sa sanctification qu'il avait si souvent recommandée, après la communion du Jubilé
sollicitée sans délai, sa main devenue inerte en
traçant son acte de foi suprême, à huit heures,

le 28 février 1875, veille du mois consacré à son cher patron, M. l'abbé Godart rendit sa belle âme à son miséricordieux Créateur.....

Cette mort est à peine connue, que de toutes parts affluent les témoignages de la plus vive douleur. En pouvait-il être autrement des religieuses qu'il avait dirigées vers le Saint-Enfant-Jésus, vers l'Espérance ; des lévites qu'il avait conduits au sacerdoce ; du savant P. Marquigny, si chéri et si aimant, son élève d'honneur ? Déjà ces Messieurs les vicaires généraux transmettaient les regrets de Son Excellence et les leurs. Si nous perdons sur la terre celui qui fut le modèle des curés, nous gagnons au ciel un intercesseur pour tout le diocèse... Comme Monseigneur va être affligé de la mort de l'excellent et saint prêtre M. Godart... Barby perd un curé parfait, le diocèse un modèle, moi, le prêtre qui a été mon premier confesseur et qui m'a fait faire ma première communion... Cette douleur si sympathique du supérieur que M. l'abbé Godart a respecté en tout et toujours, explique parfaitement la peine extrême ressentie par les populations réunies de Barby, titre primitif, unique pendant 44 années, et de Nanteuil, desservi pendant quatre ans au moins avec une sollicitude à part. Comment du dehors ne se serait-on pas empressé vers le pieux curé, qui, par politesse, par conscience, par la nécessité de son éducation première, allait si affectueusement au-devant de chacun. Aussi, avec M. l'Archiprêtre de Rethel, présidant la cérémonie, se rencontrèrent dans une assistance commune et M. Hannesse, chanoine titulaire, et M. l'Archiprêtre de Charleville, et M. le Doyen de Château, et M. Hannesse, Directeur de Notre-Dame de Rethel ; MM. les curés Doyen et Marmotte, originaires de Barby ; MM. les curés du canton et nombre de ces Messieurs d'ailleurs. C'était une couronne de près de trente ecclésiastiques que suivaient les députations des bons Frères des écoles chrétiennes et des Sœurs de diverses congrégations, attestant autant par leur démarche que par leurs larmes l'amertume de tous leurs regrets.

Et vous n'avez pu vous rendre où vous eût porté cette intime affection digne de celle de David et de Jonathas, ami de son âme, dont le ministère habituel de la vie devient l'exercice continuel de votre préparation à la mort. Cloué sur un lit de douleur, vous offrez à celui qui ne laissera pas sans récompense un verre d'eau froide, la prière de l'angoisse, afin qu'il glorifie la démarche *mortelle pour le directeur dévoué jusqu'au sacrifice. Quoi de plus précieux qu'un ami fidèle !.. Amico fideli nulla est comparatio !..*

Et cette séparation du père d'avec ses fils, ses amis, ses connaissances, s'effectue à la veille de la cinquantaine du sacerdoce, tant méritée par une existence remplie par les labeurs et les succès, qu'un cœur sensible et affectionné avait promis de rehausser par la sagesse de son esprit et par l'éloquence de son âme. Assurément que sur la terre, elle eût paru trop imparfaite aux yeux du juste Rémunérateur ; elle sera célébrée plus triomphalement, plus harmonieusement, plus longuement dans le paradis. *Qui ad justitiam erudiunt multas, fulgebunt... quasi stella in perpetuas æternitates.*

Nouveau curé d'Ars, en qui la tenue si digne, si réservée, si engageante indiquait une nature de choix ; *Patriarche de la contrée,* que tous révérèrent ; vous dont la vieillesse vénérable, limpide et jeune inspirait la confiance à tous ; *Saint de la vallée de l'Aisne,* émule et successeur du saint de la montagne de Reims, dépositaire des secrets du cœur et de l'âme de vos confrères ; vous, à qui entre autres bienfaits, éternellement je serai redevable, et de l'honneur de mon baptême et du bonheur de ma conscience, avec les fleurs innocentes que vos enfants bien-aimés viennent d'offrir sur votre *tombe glorieuse,* agréez celle-ci, hélas ! trop petite, de mon souvenir reconnaissant. Déposées sur votre doux cœur, vous les embaumerez de vos vertus, *post te curremus in odorem unguentorum tuorum ;* alors, courant dans la voie du salut, grâce à la suavité des parfums de votre vie si pure : *œtas senectutis, vita immaculata,* nous pourrons un jour n'être pas indignes de la *justice comme de la sainteté de notre bon Père du ciel. Justi autem in perpetuum vivunt, et apud Dominum est merces eorum !...*

Bienheureux les morts qui trépassent dans le Seigneur !..

Beati mortui qui in Domino moriuntur !..

CH. BREDY,
Curé de Nanteuil-sur-Aisne.

NOTA. — Déjà nombre de personnes seraient désireuses de s'unir pour la pose d'un monument convenable, en rapport avec la durée d'un long et fructueux ministère, et l'étendue des plus profonds regrets. Adresser au presbytère de Barby (Ardennes).

LE JUBILÉ A BARBY.

Barby, le 8 Mars 1875.

Ressusciter l'esprit de foi quand il est déjà mort, le réveiller quand il est seulement endormi, l'activer quand il est vivace, telle est la précieuse et la désirable autant que certaine conséquence d'un Jubilé accueilli, pratiqué, retenu.

La pieuse paroisse du bon M. Godart, Barby, au pays de Rethel, en offre un parfait et salutaire exemple pour tous.

Le grand Jubilé de 1875, objet des sérieuses préoccupations de son excellent pasteur, dès la précédente année, vient d'être clos au milieu de la piété la plus entière, et de la démonstration la plus solennelle.

L'infatigable abbé Berthet, de la maison des Lazaristes de Reims, avait été reçu dès l'abord avec le plus vif empressement, et les exercices se succédaient avec une assistance soutenue, assidue, encourageante pour ses ingénieux efforts, quand, après quelques jours, la maladie du vénérable curé vint attrister les ouailles et faire, en quelque sorte, craindre l'insuccès qui

cependant n'était guère à redouter dans Barby.
Mais la préoccupation, en diminuant ou en di-
visant l'auditoire, aurait amené le refroidisse-
ment peut-être. La maladie faisait de si rapides
progrès, que le danger de grave devint im-
minent bientôt. Or, ce qu'on avait appréhendé,
au contraire, activa la persévérance dans les
exercices ; du mal de l'admirable curé sortit le
bien de ses paroissiens, en ce sens que l'on se
fût reproché de n'utiliser point le Jubilé, quand
le Père l'avait ouvert comme un *testament suprême* procuré à des enfants chéris. Voici la mort
du bon Prêtre, véritable holocauste pour ses
pécheurs... A l'exemple du Fils de Dieu, il se
présente devant le Très-Haut, en faveur de toute
sa famille bien-aimée... Aussitôt, d'accueilli
qu'il avait été, le Jubilé devient de plus en plus
suivi avec une ferveur, un entrain, une âme,
que l'on rencontrerait difficilement quelque part.

Qu'elle était belle la cérémonie de la consécration des tendres mères !.. Quoi de plus
touchant que l'offrande des jeunes enfants !..
Mais on n'oubliera jamais l'imposante cérémonie
de la procession des hommes au soir de la
clôture, quand, hier, à la suite du Très-Saint
Sacrement, les chrétiennes autorités de la paroisse en deuil, accompagnaient à la tête du
peuple entier réuni, le Dieu qui console, qui ne

laisse pas orphelin, qui dans sa miséricordieuse bonté, a sans doute choisi le continuateur zélé des œuvres du bon pasteur ici-bas.

Allez donc, en paix et plein de joie, ô Père si dévoué, porter encore au loin l'ardeur de votre parole entraînante vers le salut, et de votre bon goût pour la décoration de la maison de Dieu ; portez au loin la renommée chrétienne du grand bien qu'autrefois vous avez fait en Touraine, en Picardie, et depuis peu en Champagne, à Toges naguère. La reconnaissance universelle de Barby vous assurera le succès pour l'avenir certain de toutes vos autres missions !...

Inutile d'ajouter les témoignages réitérés de sympathie, d'affection et de regret au départ trop précipité de l'homme de Dieu. C'était la belle âme de M. l'abbé Godart, remerciant avec son effusion habituelle le missionnaire ému, le récompensant ainsi de son dévouement, de ses sacrifices, de ses peines !...

Heureux les peuples qui *savent apprécier le don de Dieu !...* Heureuses les parcisses qui s'honorent de le faire fructifier !... Heureux le pasteur privilégié qui, en recueillant un héritage de légitimes espérances, le possédera pour sa propre consolation, et pour la plus grande gloire du *Prince des pasteurs !...*

NOTICE HISTORIQUE

SUR BARBY

(Ardennes).

Le pénible événement que vient d'éprouver une population profondément attachée à son bien-aimé pasteur, nous engage à parler quelque peu de l'intéressant pays, qui justement se glorifie de l'avoir conservé pendant *quarante-quatre années* de labeurs méritoires.

Tel est le triple but de nos investigations : 1° le pays en lui-même ; 2° l'église en particulier ; 3° les principaux notables.

Nécessairement, le travail sera succinct ; toutefois, qu'il s'efforce d'être substantiel et surtout exact...

ARTICLE PREMIER.

Barby en lui-même.

Trois choses peuvent être considérées ici : la position du pays, sa fondation, son importance.

§ 1er.

Le village de Barby, situé sur le penchant et au bas d'une colline, est éloigné de quatre kilomètres de Rethel et de six de Château-Porcien. La rivière d'Aisne coule après trois hectomètres à l'extrémité de la vallée qu'il semble dominer gracieusement. La *position* qui l'établit au bord de terres fertiles, lui permet la culture la plus étendue et la plus variée. Aussi les maisons se ressentent-elles de cette fécondité. Nombreuses, alignées, généralement bien bâties, elles ont pu faire donner au village le nom de *beau*, qu'un judicieux auteur, dans sa *Géographie historique du département des Ardennes*, aurait qualifié dignement. L'ancien château de la famille du chrétien M. Desrobert a fait presque entièrement place à de solides constructions rurales. Rien, d'ailleurs, qui fasse exception, sinon peut-être l'école, qui néanmoins, n'a rien de bien remarquable. Toutefois on mentionnera le presbytère, insuffisant jadis, mais il y a vingt ans, réparé décemment et notablement augmenté. Construit en face de l'église, dans un vaste enclos, il se trouve comme elle à l'extrémité du pays, presque tout-à-fait dans la campagne.

§ 2.

Quant à *la fondation* de Barby, autrefois *Barbeyum* et naguère encore *Barbie* jusqu'au XVIII⁰ siècle, elle remonterait assez haut. On dit, en effet, ce village ancien, malgré une récente dénégation, qui le soutiendrait fondé seulement par Hugues 1ᵉʳ, comte de Rethel, dans les dernières années du XIᵉ siècle. Mais, avant 1118, Hugues 1ᵉʳ avait restitué à saint Remy, de Reims, les dîmes de Rethel... Gerson, Barbie, dont il avait joui comme venant de ses ancêtres qui les avaient usurpées à l'église du temps de Charles Martel. Barbie existait donc au VIIIᵉ siècle, témoin cette preuve d'usurpation qui le présuppose visiblement.

Sans doute, pas plus que Marlot, on n'attachera d'importance à cette prétention de certains auteurs, que Barby serait le *Bibrax* des commentaires de César. Toutefois, cette espèce de revendication indique que l'on considérait Barbie comme véritablement ancien. D'ailleurs, si le pays était de cette date si récente, de 1118, l'époque de sa fondation n'aurait pas échappée à des historiens qui ont écrit depuis plusieurs siècles. On pensera donc comme l'auteur de l'intéressant ouvrage : *Le Châtelet-sur-Retourne,* sous la sauvegarde de recherches sérieuses :

qu'il faut attribuer aux moines la fondation de nombre de nos villages, qu'ils ont établis à une époque très-reculée sur les terrains dont la munificence royale les avait gratifiés souvent. Il en aurait été ainsi de Barby.

§ 3.

L'importance actuelle de Barby ne date que de peu de temps. Primitivement, il était bien moins considérable que Gerson tout rapproché de lui. A la distance de quelques années seulement, la population s'élevait à 550 habitants et plus, tandis que maintenant, elle atteint à peine le chiffre de 400. Ce déficit notable, du tiers presque, doit être attribué à la cessation du peignage manuel, qui nécessita par suite l'immigration dans les grandes villes, où l'industrie souvent temporaire, recrute le plus de bras qu'il lui est possible. Au pays les seuls attachés au sol demeurent toujours, formant ainsi pour l'édification de la paroisse, avec des goûts simples, des mœurs pures, des vertus fermes, l'espérance de la religion et la consolation du pasteur.

Une digression, si l'on peut hazarder le mot. *Barby, Gerson,* sont des noms qui s'appellent mutuellement. En effet, ces deux pays, s'ils n'ont pas une origine commune (Gerson paraîtrait remonter plus haut), ces deux pays ont été si peu distants l'un de l'autre, ils sont tellement inséparables dans les chartes, qu'il devient nécessaire de s'étendre un peu sur cette localité célèbre. Car à Gerson, près de Barby, est né le chancelier fameux, communément appelé Jean Gerson, l'auteur présumé de l'*Imitation de Jésus-Christ.*

Laissant de côté le commencement d'une discussion soutenant naguère que Gerson aurait existé au lieudit vulgairement les *Guinguettes*, près Rethel, ou sur l'emplacement d'une propriété de plaisance nommée Gerson, c'est-à-dire sur un espace trop resserré entre la montagne qui surplombe et la rivière qui ronge (il reste tout juste pour un *moulin* et un *bosquet,* sans vestige aucun de quelque manière que ce soit), on résoudrait la question d'une façon péremptoire, en affirmant les preuves *en main et en terre,* que c'est près de Barby seulement et infailliblement, qu'il faut fixer l'emplacement de Gerson, qu'on a osé réclamer pour Rethel. Et cependant, en 1666, on voyait encore un reste de mur de la maison natale de Gerson, que les gens du pays appelèrent Pignon de Gerson.

En effet, les témoignages de certitude ne remontent pas à des siècles. Sous M. Rousseau, ancien maire de Barby, après la Révolution de

93, d'après l'affirmation d'une nommée Catherine Letellier, nonagénaire, il y a quatorze ans, d'après les feuilles du maire, de son adjoint, de l'instituteur de la commune, d'après les découvertes des prestataires en 1844, d'après les réflexions écrites de M. Godart lui-même, curé de la paroisse, qui a vu, touché, emporté, il appert des ruines, débris, restes de remparts, de souterrains, de caves, de fondations, de pierres, briques, foyers et charbons, que c'est là à quelques hectomètres de Barby, au pied du mont de la Tommelle, qu'il faut reconnaître l'existence de Gerson. — Or, ce village remonte à une époque fort reculée, témoin une charte de Hugues Capet de 990, dont l'original se voit à la bibliothèque de Reims, par laquelle le roi accorde différents priviléges féodaux à l'abbaye de Saint-Remy et dépendances, parmi lesquelles se trouve mentionné Gerson ; témoin aussi un diplôme du roi Philippe 1er de 1090 et un privilége du pape Adrien IV, du 19 décembre 1154.

Chose digne de remarque comme indice d'une union certaine : dans la plupart des chartes, baux, arrêts, Barby et Gerson ne sont jamais séparés, rapprochés souvent, au contraire. Cette constatation paraît dans l'aveu fait par Jean, fils de Hugues IV, comte de Rethel, dans une charte de 1248, par laquelle il reconnaît : qu'il n'a pas le droit de manger, coucher et passer la nuit, même à ses dépens, à Barby, Gerson et autres lieux ; qu'il a eu tort de le faire par le passé, et promet sincèrement qu'il ne le fera plus à l'avenir.

ARTICLE II.

Eglise de Barby en particulier.

D'abord l'église, puis le cimetière, aussi les calvaires, trois sujets dignes d'attention.

§ 1er.

Le style ogival flamboyant qui apparaît dans le chœur, le sanctuaire, l'abside de l'église, dans une des chapelles et aux deux portails, donne à présumer que l'église de Barby date du xve siècle. Toutefois, il est à regretter que ce chœur, ce sanctuaire, cette abside soient établis sur des proportions par trop restreintes, et avec trop peu de hauteur, de largeur et de longueur. De plus, la partie supérieure ne répond pas au reste, c'est-à-dire ne présente aucune architecture. L'irrégularité règne à peu près partout ; une seule nef latérale existe.

Il y a quelque vingt ans, on voyait deux chapelles au nord, celle de la sainte Vierge en avant, celle de saint Jean-Baptiste au fond ; au midi, l'unique de saint Nicolas. Les deux premières avaient reçu des voûtes en ogive, comme le montrent des restes d'arcs-doubleaux. La chapelle de saint Jean-Baptiste étalait des parties remarquables, entre autres un devant d'autel représentant en peinture une décollation sur bois actuellement attachée dans celle de sainte Philomène. Ce tableau recouvrait un magnifique travail d'une seule pierre, épaisse de 25 centimètres, sur 67 de hauteur et 1 m. 28 de longueur, contenant en relief trois têtes de grandeur naturelle, celle du milieu représente le chef de Notre-Seigneur entouré d'une couronne d'épines ; celle de droite, celui de saint Jean l'évangéliste, dans une couronne de fleurs ; celle de gauche, celui de saint Jean-Baptiste, dans un plat. Le plus admirable du travail est la guirlande supérieure en frêles découpures et en lanières amincies, fouillées à jour, détachées en pendantifs, succès inouï de la patience la plus grande et de l'art le plus esquis.

Par suite de la réunion des deux chapelles, l'autel de saint Jean-Baptiste devant l'autel de la sainte Vierge, laisse facilement apercevoir au centre de son ornementation ogivale, les contours d'un chef-d'œuvre au sentiment des connaisseurs et des artistes. De chaque côté du rétable, deux statues en pierres, de saint Pierre et de saint Hubert, reposant sur des socles et sous des pinacles de même style. Du côté de l'Evangile, près du côté de la porte de la sacristie, s'ouvre une piscine délicatement sculptée qui a fourni le plan de l'autel ci-contre.

La chapelle saint Nicolas a été prolongée pour former le parallélisme avec celle de la sainte Vierge. D'une date tout à fait récente, sous le cardinal Gousset, cette utile modification a été conduite à bonne fin ; maintenant l'autel est dédié à sainte Philomène. C'est le rétable de l'autel principal qui orne le fond depuis la pose nouvelle du vitrail de saint Jean-Baptiste.

Le maître-autel n'a rien d'extraordinaire, à l'exception peut-être du rétable, style Louis XV, qui s'étend dans toutes sa longueur. L'entourage du sanctuaire est garni de cierges, dont les supports attestent un beau travail de serrurerie.

A part quelques statues d'un certain mérite, et un tableau de l'Assomption de Wilbeau, de Château, aussi le confessionnal gothique et les fonts baptismaux à la cuve antique, rien ne frapperait au-delà. La tribune vient d'être construite il y a dix-huit mois.

Signalons néanmoins encore : 1° la pierre tumulaire au bas des degrés du portail nord : *à la mémoire de Pierre Camart et d'Anne Drouin sa femme..... et vénérable et discrète*

*personne, maître Guillaume Camart leur fils,
vivant prêtre et curé de Barby, décédé le 6 novembre 1694 ;* 2º le portail latéral du nord, que
devait surmonter un porche, où se voient, malgré des dégradations et des mutilations considérables, un groupe représentant la Ste Vierge
tenant sur ses genoux le corps de son Fils unique descendu de sa croix, ayant à sa droite saint
Jean l'Evangéliste, et à la gauche saint Jean-
Baptiste ; ensuite le portail occidental de la
même époque que le précédent , mais d'une
plus grande simplicité, sans statues ni pinacles ;
3º la sacristie construite avec les largesses de
feu M. Desrobert, fils de l'ancien seigneur du
château de Barby ; vaste dans ses proportions,
elle remplace avantageusement deux misérables
abris devenus inhabitables ; 4º le clocher pyra-
midal en bois, recouvert d'ardoises, s'élevant à
vingt-sept mètres au-dessus du sol, qu'on doit
reporter au xvᵉ siècle, lequel renferme actuellement deux cloches, l'une assez grosse, de l'an
de grâce 1791, brisée par la foudre en 1874 et
dont MM. Jean-Marie Bouillard et Pierre Barthé-
lemy, de Barby tous les deux, doivent solder
généreusement la refonte ; l'autre petite, de cent
kilos, provenant des timbres de l'église de Rethel, avec cette inscription : Vive notre Roi
Henry de Vallois 1587.

§ 2

Autour de l'église, sous la protection du Seigneur, et pour l'instruction des fidèles, parce que c'est une *pensée sainte et salutaire de prier pour les morts*, s'étend le beau cimetière de la paroisse. Large, spacieux, entouré, divisé par compartiments, percé d'avenues, garni de monuments, et surtout rehaussé par des croix, ce pieux asile des défunts est à Barby l'objet du respect et de la prière des assistants nombreux aux offices. Près du portail, on voit de suite, au passage, dominée par une croix en fer et défendue par une grille décente, la tombe de l'excellent M. Brion, prédécesseur immédiat de M. l'abbé Godart. Ce que la paroisse a fait pour le premier, elle sera doublement heureuse de le parfaire spontanément et largement pour son bon curé, à raison des 44 années de dévouement et d'affection. Ne sait-on pas qu'elle n'attend que l'annonce d'un désir pour satisfaire le besoin de son âme compâtissante et généreuse ? Gloire donc à un pays qui sait honorer ainsi les longs sacrifices !..... Les populations voisines en lisant un jour et bientôt ces mots : *Le Diocèse entier le pleure comme le pleure la paroisse de Barby* (parole de l'Administration). *Monument offert par sa paroisse reconnaissante !*

béniront de concert le pasteur ancien, et à
l'envi féliciteront le pasteur nouveau. La gratitude à l'égard des services passés n'indique-t-elle
pas l'intelligence vis-à-vis des services présents !...

Ces sentiments pieux se manifestent par la
propreté des tombes, l'abondance des fleurs, la
majesté, l'élégance des monuments. Entr'autres
pierres dignes d'attention, on en voit une, autrefois placée près de la porte de St-Nicolas ou
de Ste-Philomène, aujourd'hui incrustée près
du portail septentrional, et qui, primitivement,
avait dû demeurer à droite de la porte principale. C'est une pierre fort dure, sur laquelle est
gravée en vers et en lettres gothiques l'épitaphe
de la mère du chancelier Jean le Charlier, dit
Gerson. Cette inscription est le seul monument
de la famille qui reste dans la paroisse. La voici
telle qu'elle se doit lire :

Elisabeth la Chardenière,
Qui fin bel ot et vie entière,
D'Arnault le Charlier épouse,
Aux quels enfants ont été douze,
Devant cest hust fust enterrée,
M. quatre cent et un l'année,
Estant de Juin le jour huitime,
Jhésus li doingt gloire saintime.

Elisabeth la Chardenière
Qui fin bel ot et vie entière,
D'Arnault le Charlier épouse
Aux quels enfants ont été douze,
Devant cest hust fust enterrée
M. quatre cent et 1 l'année,
Etant de Juin le jour huitime
Jhésus li doingt gloire saintime.

Quoi qu'on ait dit que près de cette pierre il n'y a aucune apparence de tombeau, et qu'un auteur ait affirmé que la mère de Gerson n'a pas été enterrée à Barby, on serait néanmoins porté fortement à croire le contraire. En effet, il y a une vingtaine d'années environ, sous l'attentive inspection de M. Féquant Simon, maire de ladite commune, des fouilles intelligentes ayant été pratiquées vis-à-vis le portail occidental et principal, on découvrit en avant de l'endroit où l'épitaphe avait été scellée d'abord, une tombe en pierre avec son couvercle, remplie d'ossements de dimension moindre, et d'une médiocre longueur, telle que pouvait la réclamer le cercueil d'une femme. L'examen, la discussion, la comparaison, eussent résolu le problème certainement ; d'ailleurs, la tombe est restée au même lieu, et l'*adhuc sub judice lis est* sera toujours à la disposition de la science.

§ 3.

Loin de rougir de la croix, le vrai crhétien la
vénère, il l'aime, il la recherche. Rien donc
d'étonnant, rien donc de plus naturel, qu'il l'é-
lève de côté et d'autre, et qu'il l'érige avec solennité. Tel a été de tout temps, en quelque
sorte, l'usage très louable des paroissiens de
Barby. C'est d'abord le fervent M. Desrobert,
qui a fait ériger, vis-à-vis de son ancien château,
à l'intersection de trois chemins, un calvaire,
qu'il fera transporter plus tard à l'angle de la
route qui monte à la maison d'école.

Entre temps, alors que pendant l'hiver de
1839 à 1840, la vétusté eût abattu la croix à
l'embranchement des voies de Château et
d'Ecly, une collecte de 200 francs permit de
pouvoir élever au même endroit une croix de
7 mètres, avec un christ d'un mètre environ.
C'est le 31 août 1840, le lendemain de la fête
patronale, que la bénédiction en fut faite par
M. Fournier, archiprêtre, doyen de Rethel.
M. Georgin, son vicaire, décédé curé de Beine,
fit un discours qui impressionna beaucoup ses
nombreux auditeurs. En ce moment, M. l'abbé
Godart se rappelait, avec délices, cette belle
plantation de la croix de Reims, à l'extrémité
des promenades, qu'elle ornait si admirablement.

En 1843, M. Desrobert, pour remplacer la croix transportée plus loin, comme on l'a dit, fit à ses frais, vis-à-vis la maison qu'avait possédée sa famille, ériger une belle croix en fer, que la commune environna de travaux d'ornementation, qu'elle se propose de consolider pour les rendre durables. La nouvelle solennité ne fut pas inférieure à l'ancienne. La population, le clergé furent au moins aussi nombreux. L'austère M. Hennequin, doyen de Château, présida la cérémonie, et pour laisser parler l'ami de cœur d'une famille honorable, M. Godart a consigné dans ses notes : Que tous, émus de la parole éloquente de M. le Professeur de rhétorique du petit Séminaire, allèrent sans respect humain adorer la croix à la suite des autorités.

En 1864, le calvaire de 1840 dût être renouvelé à la suite d'un ouragan furieux qui, en séparant le socle occasionna le bris de la croix. On choisit toujours le lendemain de la fête. Le signe du salut, solennellement béni au milieu de l'église, où il reposait sur un lit de fleurs, fut triomphalement porté jusqu'au piédestal, où l'attendaient d'habiles paroissiens. Elevé aux crix de : Vive Jésus, vive sa croix ; il rayonnait à peine sur sa base glorieuse, que M. l'abbé Pierret, archiprêtre de Rethel, montra vivement ce signe auguste, comme l'appui du chrétien, le guide du juste, l'espoir du pécheur, le consolateur de l'affligé, le phare lumineux qui conduit certainement au port du salut.....

Barby, sur son territoire, peut contempler encore la croix Troyon, sur la route d'Ecly à Rethel ; la croix Ersigny, sur celle de Rethel aussi. Ces croix, en fer forgé, viennent du même ouvrier intelligent et résidant.

ARTICLE III.

Les principaux Notables.

On pourrait distinguer d'abord les *personnages originaires*, ensuite les *curés résidants*, enfin les *autorités locales*.

§ 1er

Parmi les *premiers notables* du pays, le plus célèbre, celui dont Barby se glorifie justement, est, sans contredit, le chancelier Jean le Charlier, communément appelé Jean Gerson, du nom de son pays natal, qui semblait ne faire qu'un avec Barby. Sa vie, ses ouvrages, ses mérites, l'ont assez fait connaître. Son portrait véritable et authentique serait chez M. Féquant-Créquy, maire actuel de la commune, qui le tiendrait d'un ancien maire, M. Rousseau, auquel il aurait été donné par un des curés doyens de Rethel. Ce tableau, d'une antiquité prouvée suffisamment, porte au revers une inscription latine de l'époque, ainsi conçue : *Joannes Gerson, doctor théologus et cancellarius... Univ. in concilio Const^œ orator. Obiit Lugduni, anno 1429. Donné par M. Rousseau.*

Le frère aîné du précédent est cité comme écrivain ascétique ; il était supérieur des Célestins, à Lyon, quand son frère se retira auprès de lui pour y terminer sa carrière.

Était également originaire de Gerson, Jean Dancey, docteur de Navarre, professeur de cette Maison, homme de mérite, d'après les auteurs ; il vivait antérieurement aux Charlier.

Sont nés à Barby, M. Coutier, mort il y a moins de 70 ans, curé d'Epernay ; deux messieurs Féquant, confesseurs de la foi, émigrés pendant la grande Révolution, décédés dans leurs anciennes paroisses , l'un à l'Echelle en Picardie, l'autre à Faux, canton de Novion ; M. Brédy, curé de Coulommes avant 93, et depuis mort, dans un âge avancé, à St-Etienne-à-Arnes ; MM. Chardron, autrefois curé de Remilly-sur-Meuse, défunt ; Doyen, curé actuellement de Saulces ; et Marmotte, en exercice à St-Fergeux. Par son père, M. l'abbé Chardron, d'Aussonce, se rattache à Barby, et aussi par son aïeul le curé de Nanteuil-s.-Aisne, le prêtre le plus voisin.

Nous avons garde d'oublier l'enfant du pays de l'illustre Gerson, le publiciste éminent et orateur, le R. P. Marquigny, directeur des *Etudes Religieuses* de la Compagnie de Jésus.

§ 2.

Le plus ancien curé connu est un M. Adam, dont parle une charte manuscrite de 1317 : *Dominus Adam, curatus de Barbeio, ac capellanus perpetuus capellaniæ sancti Nicolaï Retheliensis.* — Depuis, après une longue lacune, on rencontre M. Guillaume Camart, mort en 1694, avons-nous lu sur l'épitaphe dont nous avons déjà parlé. — En 1694, M. Robert Parizot fut nommé curé, et n'y resta que deux ans. — En 1696, il fut remplacé par M. Antoine Dourlet, qui mourut en 1700, ayant pour successeur M. Thierry Tanton, mort en 1708. — La même année, M. Jean Collinet lui succéda pendant 35 ans — Sa mort, en 1743, amena une vacance de quelques mois, pendant lesquels M. Jean Cailletaux administra la paroisse en qualité de desservant. — Avant la fin de l'année. Jean Huart fut nommé titulaire. — Puis, après quelques mois d'exercice, la vacance fut remplie par un desservant, M. Leroy. — En 1744. Barby reçut pour curé M. Robert-François Rondeau, qui laissa la paroisse en 1753, étant

devenu chanoine de la Métropole et vicaire gé-
néral. — Alors fut nommé, M. Loison l'oncle,
qui mourut en 1770, et eut pour successeur
M. Charles Loison, son neveu, lequel dut émi-
grer en 93, et fut, au retour, nommé curé
d'Acy-Romance, où il décéda en 1816.

Après la Révolution, M. Magin fut désigné
pour la cure de Barby, puis appelé à d'autres
fonctions dans Charleville, où il mourut. —
Son successeur y demeura jusqu'à sa mort, au
mois de mars 1831. Le souvenir de ces deux
excellents prêtres est, au sentiment de M. Godart, en bénédiction dans la paroisse. Le premier se fit remarquer par sa patience pour le
rappel des âmes séparées par le schisme
(car Barby, comme tant de paroisses, eut mal-
heureusement un intrus, dont on a vu le nom
sur la cloche à refondre, lequel, repenti, mé-
rita la paroisse de Tannay, où il mourut) ; le
second s'efforça de marcher sur ses traces, en-
tretenant dans la paroisse l'esprit de piété, qui
le fait regretter encore par les personnes fer-
ventes. — Nommé curé de Barby, le 1er juillet
1831, pour exercer pendant 44 ans avec une
infatigable ardeur, jusqu'au 28 février 1875,
M. l'abbé Godart fut la copie frappante, augmentée, perfectionnée de ces deux modèles ; il
possédait la fermeté de l'un, la piété de l'autre,

c'est-à-dire qu'il sut maintenir les âmes dans la voie du bien, malgré les tentations, les ruses, les obstacles, et développer de suaves vertus dans les cœurs par les délicates inventions de la foi la plus éclairée, la plus encourageante. *Et ses œuvres vivantes l'ont suivi* à l'heure de ses funérailles, pour attester *que la mémoire du juste est impérissable.* Pour conserver toujours présents ces chers modèles devant ses yeux, M. Godart n'a jamais passé de fête principale sans recommander à la messe, avant ses propres parents, les curés de Barby, et *spécialement MM. Magin et Brion, desservants de cette paroisse.*

§ 3.

Il n'est guère possible de rappeler les *autorités séculières* avant la grande Révolution. Néanmoins, on se souvient de M. Féquant-Lejeune, maire a cette époque, fermier de l'abbaye de Novy, qui possédait au loin les terres entourant l'église ; père d'une famille nombreuse, composée de fils robustes, défenseurs nés, en quelque sorte, pour faciliter l'audition de la messe du vrai pasteur. La Révolution conféra l'autorité à un nommé Toussaint, facile autant qu'il le pouvait. Au retour du calme, M. Rousseau-Desjardin fut élu maire, avec adjoint

M. Vaucher-Troyon. Après lui, M. Féquant-Pello fut installé ; devint adjoint, M. Brédy-Choffin. — A sa mort, M. Féquant-Mauroy fut nommé maire, avec M. Brédy-Choffin, jusqu'à sa mort ; ensuite, M. Vaucher-Délétant. — Depuis, M. Féquant-Créquy administre la commune, secondé par M. Brédy-Vaucher pour adjoint. — Pendant cette période, les instituteurs furent, MM. Discours, Fichelet, Caruel, 28 ans d'exercice, Paruitte, depuis nombre d'années déjà....

Bienveillant lecteur, si vous avez charitablement accueilli ces recherches imparfaites et ces impressions profondes, ma gratitude s'empresse d'en reporter le mérite et l'honneur à la personne, à la mémoire du meilleur des amis et surtout du plus saint des prêtres !...

CH. BRÉDY,
Curé de Nanteuil-sur-Aisne.

Imprimerie coopérative de Reims, rue Pluche, 24.

www.ingramcontent.com/pod-product-compliance
Lightning Source LLC
Chambersburg PA
CBHW061319060726
47596CB00003B/986